Natalie Clifford Barney

DISPERSIONES

Traducción de Julio Pollino Tamayo

1ª ed., febrero de 2025

Colección Défica, 3

Una publicación de Cypress Cultura
www.cypress.com.es

Portada: Natalie Clifford Barney, retrato pintado por su madre,
Alice Pike Barney, en 1896.

© de la traducción, Julio Pollino Tamayo
© de esta edición, Cypress Cultura

ISBN: 979-13-87504-02-1
Depósito legal: SE 3005-2024

IMPRESO EN LA UNIÓN EUROPEA

NOTA DEL EDITOR

Natalie Clifford Barney (Dayton, 31 de octubre de 1876-París, 2 de febrero de 1972) fue una escritora, poeta y novelista estadounidense que vivió como expatriada en París. Fue anfitriona de unas reuniones literarias que se celebraron durante más de sesenta años en su casa situada en la llamada *Rive gauche* de París y que congregaron a escritores y artistas de todo el mundo, incluyendo a muchas figuras importantes de la literatura francesa, junto con modernistas estadounidenses y británicos de la llamada «generación perdida». Trabajó para promover a mujeres escritoras y para ello creó la «Academia de las mujeres» en respuesta a la Academia francesa, compuesta exclusivamente por hombres. Al mismo tiempo brindó apoyo e inspiración a escritores masculinos como Remy de Gourmont y Truman Capote.

Barney publicó su primer libro en 1900, una colección de poemas titulada *Quelques portraits-sonnets de femmes*. Las críticas fueron positivas en general y el titular en un diario de chismes de sociedad fue: «Safo canta en Washington», lo cual alertó a su padre, quien compró y destruyó las existencias restantes de la editorial y las planchas de impresión. Para escapar de su dominio, publicó su siguiente libro *Cinq petits dialogues grecs* (1901), bajo el seudónimo de Tryphé. El nombre lo tomó de una obra de Pierre Louÿs, quien le ayudó a editar y a revisar el manuscrito. En 1910 publicó *Je me souviens, Actes et entr'actes*, una colección de obras cortas y poemas, y *Èpar-*

pillements (Dispersiones), su primera colección de "pensamientos", cuya traducción ahora publicamos.

Esta forma literaria se había asociado a la cultura de salón de Francia desde el siglo XVII, cuando el género se perfeccionó en el salón de Madame de Sablé. Los pensamientos de Barney, como las de Sablé, son cortas, frecuentemente epigramas de una línea o *bon mots*. Un ejemplar de la obra llegó a manos de Remy de Gourmont, quien por aquella época vivía encerrado en su casa debida a una grave enfermedad; se sintió tan impresionado por la obra que invitó a Barney a una de sus reuniones dominicales, en las que solamente recibía a un pequeño grupo de viejos amigos. La presencia de Barney fue una influencia rejuvenecedora en su vida, animándole a salir a pasear en coche por las tardes, a ir a cenar a la Rue Jacob, a un baile de máscaras e incluso a un breve crucero por el Sena. Él transformó algunas de sus conversaciones, que tantos temas abarcaban, en una serie de cartas que publicó en el Mercure de France, llamándola *Amazone*, una palabra francesa que puede significar tanto jinete como amazona; posteriormente las cartas fueron recopiladas en formato libro. Remy de Gourmont murió en 1915, pero el sobrenombre que le otorgó acompañaría a Barney a lo largo de toda su vida (incluso su lápida la identifica como "la Amazona de Remy de Gourmont") y sus *Cartas a la Amazona* dejaron a los lectores con ganas de saber más acerca de la mujer que las había inspirado.

Más que malas lenguas hay malos oídos.

¿Es culpa de las cosas o de los seres o de nosotros mismos si nada ha sabido retener nuestra constancia?

¿Cómo no comenzar?

La gloria: ser conocido por aquellos a quienes no querrías conocer.

¿De qué sirve, si nada es imposible?

En su cólera se ve la raza de la gente.

Conozco tentaciones, no tentadores.

Eres mucho más bella que todo lo que te pueda pasar.

Siempre: demasiado tiempo.

Saber complacer, ¡qué antigualla!

Casado: no estar ni solo ni juntos.

No me explico, me obedezco.

Yo sola puedo sonrojarme.

¡No sigas a quienes se detienen en nosotros, ni les conduzcas!

Siempre tendremos razón de temer la felicidad.

Que tengan miedo de perder su juventud aquellos a quienes la vejez no añade nada.

Envejecer es mostrarse.

Atrévete a criticar solo lo que admiras.

Los que se aburren en la vida son menos pobres que aquellos que se divierten fuera de ella.

Son mala compañía para sí mismos, por eso buscan a los otros.

Es de mí misma de lo que soy la más curiosa.

Mientras algunos buscan a los otros para olvidarse, yo busco a los otros para encontrarme sola.

Esas risas totalmente exteriores que parecen no guardar nada de diversión para ellos…

A veces tenemos lo que deseamos y no es lo que deseamos.

No es lo que haces lo que me importa, sino lo que eres.

Solo juzgo por sus actos a aquel por quienes siento antipatía.

La fatiga proviene del trabajo que no hacemos.

Si dudo, no es necesario.

Cuando una alegría es mía, creo menos que nunca en el azar.

Lo maravilloso es la audacia de exigirlo sin cesar, de crearlo.

La Belleza: una simplificación.

¡Qué de recursos necesitas para soportar sin fatiga una vida ociosa!

Juzgo el encanto de los seres por la facilidad de expresarme en su presencia.

La delicadeza: esa aristocracia de la fuerza... ¡Cuán faltos deben andar de ella los que la denominan impotencia!

No son los más fuertes los que nos desaniman.

Ser fatalista, la manera de acoger, con toda su pereza,
lo evitable.

Aceptar simplemente el sufrimiento — y todas sus alegrías.

Toda pérdida me enriquece más.

Mi deseo: que se realice de otro modo.

PEQUEÑAS LECCIONES

¿No amaremos en *ellos* lo que les prestamos de nosotros?

Estar lo suficientemente absorta como para no pensar en todo.

¿Quién me consolará de mi alegría?

Cuánta voluntad necesitamos para ceder a lo que más deseamos.

Lo que es verdad para los otros no podría convencerla, necesita *su* verdad.

¿Mis tristezas? Las invento: las necesitas a fuerza de alegría.

El blanco solo debería ser usado por aquellos que lo irradian.

Viendo a esas mujeres libres esforzándose por ser artistas, se comprende más a fondo la estupidez de los hombres.

«Hacer literatura», ¡qué mal reproche a la vida!

Qué cosa tan horrible es la vida — la vida de los otros.

¡Sufro una crisis de equilibrio!

No eres tú mismo todos los días, afortunadamente.

DE SUS SUPERSTICIONES

Ninguna dureza puede ser definitiva.

Aquellos que han podido dormirse enfadados ya no se despertarán juntos.

No tienes edad mientras eres joven.

Todas las noches sueño que me engañas, pero anoche al fin tuve un sueño feliz: te matabas por mí.

Ella no vale la pena.
—Mi pena vale la pena.

(Elogio a un amante).- ¡Sabía no besarme tan bien!

Encaje: el arte de los agujeros.

Sus pestañas rizadas parecen sonreír incluso cuando sus ojos están tristes.

El velo de encaje hacía sobre su rostro un horrible tatuaje: un arabesco bordado de follaje similar a una larga cicatriz irregular que partía su boca de través. — Jamás he podido comprender por qué las mujeres cubren su acercamiento con un disfraz tan aterrador.

Ojos para ser mirados, para recibir miradas, que han renunciado a ver.

Ojos afilados como calderones bajo sus cejas arqueadas — ojos que detienen.

Ojos orgullosos y cansados — ojos con lágrimas reprimidas.

Su estado de ánimo: ¡tener un gran corazón!

Ojos tan pálidos que parecen decolorar todo lo que miran (*ojos de moralista*).

Aquellos que miran fijamente al sol ven todas las cosas tachonadas de oro: así, habiendo mirado tanto tus ojos, a todo lo que veo se agrega su color.

Amar es duplicar la mirada.

Las mujeres que pasan, recién maquilladas: malas pinturas que nadie querría firmar.

La moda: la búsqueda de un ridículo nuevo.

A evitar: la intimidad y su impudores progresivos.

Ella me llamó: «Amor mío», expresión habitual, dicha sin intención, para comenzar una frase que debe terminar en otro lugar; triste palabra doméstica, supervivencia de un sentimiento de donde ha partido todo lo radiante...

Las palabras se convierten en pequeñas tumbas si no se las deja a tiempo.

Cuántos seres han encerrado toda su existencia en una palabra que se ha convertido en vacía.

¡Estar lo suficientemente cansada como para elegir!

Tener la fuerza y la simplicidad de ser débil.

Si la maternidad se produjese hacia atrás, comenzando por los dolores del parto, habría todavía madres, pero madres diferentes, de un heroísmo voluntario, no víctimas de un descuido, pobres mártires de uno de los trucos de la naturaleza.

¿Cuándo el hombre habrá sufrido por el niño y no el niño por el hombre?

En las horas de descuido o de fatiga he visto en el rostro de mujeres jóvenes todavía los signos de la primera vejez. Las trazas de esa edad descorazonada en la que, al lado de la nariz y de la boca, ya hay líneas descendentes.

El tiempo marca en nuestro rostro todas las lágrimas que no hemos vertido.

¡Somos mucho más sensibles de lo que sabemos!

Ella tiene defensa, pero la defensa solo sirve para sufrir demasiado — y demasiado tarde.

El refinamiento del sufrimiento: sonreír.

Un pequeño papel azul vino a anunciar a una de ellas la muerte de una esperanza. Algunas lágrimas subieron a sus ojos, luego se encerró en la actitud de su dolor. Se convirtió en una especie de viuda sin velo, forzada en su duelo... cerrada, aislada, en la cristalización casi inmediata de un ser bajo su desgracia. No ser ya vulnerable, emotiva, sensible, abierta a lo que nos golpea, ¿no es demasiado morir con los muertos?

No es verdad que suframos demasiado: si nuestro sufrimiento nos supera es para que crezcamos hasta él.

Nuestras sombras son más grandes que nosotros.

Me dices palabras dulces — ¿por qué no eres el otro?

¡Qué cansado es tener enemigos y no adversarios!

¿Eres realmente tú a quien hablo? No lo sé, pero alguien a quien amo me escucha.

Ser lo suficientemente grande para la felicidad.

Cuento los meses por las flores que eclosionan... o por la duración de un amor. Era, me acuerdo, la temporada de lirios negros del sur, tristes flores de una primavera sin adolescencia... o bien la temporada de orquídeas azules, azafranes, guisantes dulces y gardenias llegadas de Londres... después la de las peonías, ¡el joven verano parece haberse cansado de producir flores sutiles! Y, después, las clematis, y las rosas al aire libre — como nacidas de un perfume de mujeres que pasan — las violetas, las primeras violetas del otoño.

Ella paseaba por un mundo de artificios el oro verdadero de su cabellera.

Me miró, y fue como si las fuentes, los bosques y el cielo me contemplaran, y me avergoncé ante él de mi vestimenta, de mis pensamientos, de mi ser roto en las ciudades y sus rostros. Me sentí fuera de la naturaleza, deshabitada por los dioses.

Eres más bello que el amor.

Amo demasiado los comienzos para saber amar otra cosa.

¿Cuál de todos estos pasados será *el* Pasado?

No sabía todavía que eras *tú* a quien amaría en ti — ¡no sabía
todavía que eras *tú* a quien amaría en los otros!

Vemos a los seres que se nos asemejan, no a los que nos
completan.

Sentí que me encontraba más bonita de lo que temía.

¿Me amas? Porque esta pregunta te preocupa, para que te des
a ti misma la respuesta te la hago. Porque es para ti todavía
más que para mí que quiero que me ames.

Quisiera concederos el don maravilloso de sentir amor por
mí. Sin embargo, no puedo darme a aquellos que saben cómo
tomarme.

Estoy contigo como esas madres tímidas que no saben cómo
mimar a sus hijos, y que, solo cuando duermen, se atreven a
acercarse e, inclinándose, les tocan con una caricia furtiva.
Te amo en la oscuridad y en la soledad de mí misma. Mejor
sería sin duda ser tierna día a día y a la luz de pequeñas cosas
simples, definidas. Pero no se ama como se quiere — ¡se ama
como se es!

Solo diferimos los unos de los otros en detalles esenciales

¿Qué viste en el salón?
—Vi... que me miraban.

Amaba ver en sus paredes solo cuadros de ella, sus espejos.

Las finas venas de sus sienes, pequeñas fuentes azules bajo su piel transparente, parecían haber vertido en el iris de sus ojos su color.

¡Débil, solo tengo fuerzas para las cosas ardientes!

Las mujeres están allí, las mujeres con ojos negros centelleantes de energía... ¡Me siento tan irremediablemente rubia!

Qué suficiencia... y ella le fue suficiente.

Ser libre, aunque no sea más que para cambiar sin cesar de esclavitud.

Ser bella, a tiempo.

Mujeres con, alrededor de su cuello, el impersonal collar de perlas. Cadena de un símbolo que se ha vuelto casi universal: representante anónimo de horas serviles... perlas doblemente dolorosas que, para adornar a tantas damiselas, han perdido todo vínculo con sus orígenes misteriosos. Y sin embargo todavía se irisan por haber rozado, antaño, bajo el mar, la mejilla de las sirenas.

¡La de veces que amamos a quien no nos ama, y aún más, la de veces que no amamos a quien nos ama!

Una mujer para tomar o dejar — no para tomar y dejar.

Ser infiel a lo que se ama, para no dejar que su encanto se convierta en habitual.

Sus joyas, sin taras, realzan la gracia de su belleza irregular perfectamente imperfecta. Sus ornamentos no deberían distraernos con su originalidad congelada de la personalidad viva que los porta. Deben ser, y seguir siendo pequeñas iluminaciones, diversamente coloreadas, pero únicamente destinadas a revelar su rostro.

Cuántas mujeres feamente bellas, cuántas mujeres bellamente feas... lo más raro: la belleza bella, la fealdad fea.

Como una ciudad, de noche, he visto pasar a mujeres totalmente iluminadas por sus piedras preciosas. ¡La de bellezas que no son bellas!

Lo inesperado: esa torpeza.

Pocas mujeres terminan brillantemente — incluso su aseo de noche.

Dar razones a la sin razón, ¡qué falta de amor!

Es más difícil conservar lo que tienes que aferrarte a un nuevo ser.

Le he dicho una pequeña mentira — ¡qué lástima que me haya creído!

A veces la veo en su auto, acompañada de alguna rosa nueva, cerca de ella su largo tallo, como una bonita compañera.

Ella no teme la rivalidad de las flores.

Ser bella para ti misma, primero.

¿Por qué complicar nuestros instintos con la voluntad?

Tenía treinta y cinco años, es decir a veces diecisiete y a veces cuarenta y siete.

¡Qué alta, la alegría!

Exigirse bella (y poder serlo) es un triunfo del cual permitirse ser fea (y poder serlo, ¡cuánto más fácilmente!) es la revancha, el reposo.

No ser de ninguna época. Solo la moda pasa de moda.

¿Seré yo lo que busco?

Cuando hablo, ya no tengo nada que decir...

Esta americana tiene raza.
—Las tiene todas.

Estamos limitados por todo lo que no sentimos.

Somos traicionados por nuestra vida cotidiana.

Amar lo que tienes; una manera resignada de no tener jamás lo que amas.

Mis sueños son las sombras de la realidad — a no ser que sean las claridades.

Estás más próxima de mí que mi pensamiento.

Aquellas que necesitan aprender jamás sabrán nada.

No mofarse de lo que me place.

¡La de hombres que, queriendo ser nuestros amantes, no son dignos de ser ni siquiera nuestros lacayos!

Qué rápidamente se pierde cerca de ellas todo lo que ibas a buscar allí.

¿Qué amas más?

—Amar.

¿Y si tuviera que elegir varias cosas?

—¡Elegiría varias veces el amor!

La mujer: una de las puertas a lo maravilloso.

Ella me inició en el placer — jamás se lo he perdonado.

Aún enamorado: haz por ella con ardor lo que ya no se esperaba de ti.

Amarlo: tener *sus* impulsos.

Si las mujeres supieran cuánto renuncias cuando duermes con ellas...

Eros es el más joven de los dioses — también el más fatigado.

Cómo debo amarla, para forzarme así a esta actitud amorosa que tanto me molesta.

Los amantes también deberían tener días libres.

Vieja amante, especie de madre obscena.

Nos hacemos a la pena, y no es lo menos triste.

Observo, por la noche, a lo largo de los pasillos del hotel, los zapatos en el umbral de las puertas. Los de las parejas, hundidos en el talón, deformados por las carreras de negocios y los sórdidos placeres; los de los niños, personales pero sin individualidad, que evocan hermosos paseos, asombros, y misteriosas fatigas insospechadas; los de los hombres mejor cuidados, ¡todavía cuidados! Luego los zapatos de una mujer soltera, zapatos muy pequeños usados solamente por la punta.

Buscad mujeres que caminen sobre la punta de los pies
— aún las hay.

— Vivimos en una espada de cristal. Una espada para fantasmas — dice ella.

Yo era de todo el mundo, ella no era de nadie: nos esperábamos de manera diferente y sin embargo nuestras soledades se parecían...

Hablarse, sí, para saber que somos el mismo silencio.

Cuando no me respondes, dudo de mí, me culpo, *me soy* desleal.

Esperar en vano es a veces, no obstante, una forma de obtener.

¿Qué es este deseo obstinado limitado que solo sabe querer una cosa? ¡Y este deseo infinitamente más obstinado y más limitado todavía que, de esta cosa, solo quiere una cosa!

Estas pequeñas cobardías íntimas que ella llama *su deber*.

Aproximándose a una mujer: ¡eres bella, eras bella!

Solo podríamos sentirnos apenados por el rechazo de aquellos lo bastante pobres como para no inspirarnos ningún otro deseo.

¡Cuánta felicidad que el infeliz no querría!

Metamorfosis: ese perfume de jazmín que tiene manos de mujer.

No nos damos a lo invisible, pero lo tomamos.

Es tan raro que algo haya podido ser... ¿sería mejor dejar no ser?

¿Amantes? Seguramente: vea cómo se aburren juntos.

La esperaba y no vino, ¿seré más joven de lo que creo?

Solo le falta el tiempo para lo esencial.

Homenajes repudiados: les diste importancia... Debería haberlo hecho como tú.

¿Obedecerte? ¿Desobedecerte? ¡Cuántas de esas palabras me prueban que no estás solo!

Como otros necesitan borracheras, yo necesito el aire libre: adiós.

A diez metros de mí, ella ya preparaba su rostro para la sonrisa.

Olvidaba sus ojos en mí.

¡Teníamos palabras bendecidas como sueños, de las cuales ya no queda nada!

... Y tiendo hacia ti mis brazos en un abrazo vacío, mis brazos desesperados por haber contenido una forma única.

De las flores: terminas por preferir sus hojas.

Tus resistencias: ¡tantos suspiros hacia la vida que no te atreves a vivir!

Las piedras, los ojos de las mujeres sin párpados.

Sus pestañas actuaban como un abanico.

Ella hacía una música estúpida, ruidosa y complicada — que hería la sombra.

Ella me dice cosas maravillosas al llegar con sus labios.

Sus manos son cálidas, como si todos los besos que les habían dado revivieran.

No sabía que eras tan alta...
—Es porque solo he estado de rodillas ante ti.

Cuando baja los ojos, me parece que tiene toda la belleza del mundo entre sus párpados, y cuando los levanta solo me veo a mí en su mirada.

Lamentas que ella pueda engañarte. Ella lo lamenta quizás todavía más.

Equivocarme, ¿es una probabilidad imposible o una imposibilidad probable?

Mi vida... ¡mi mala vida!

Su carne es tan sensible que incluso siente las sombras que se deslizan a su alrededor.

... Y después dormirnos como dioses ebrios.

Solo sé querer lo que quiero... y lo que quiero, ¿lo querrás?

La violencia, argumento de proxeneta.

Jamás te he dicho «nuestro amor». «Nuestro amor» siempre me ha parecido un poco dúo.

Ellas llaman «literatura» a todo lo que puede expresarse.

Coraje después del amor. Ella se atrevió a morir... yo me atreví a vivir.

Parto para no volver jamás.
—Pero vuelves la cabeza...
Para asumir mejor que me voy.

IMPULSOS CRÍTICOS

Ser constantemente fiel a las verdades que cambian constantemente.

Su sinceridad consiste en sonreír.

No hacer nada a propósito, no deshacer nada a propósito.

Los románticos se han apropiado de todas las grandes palabras, solo nos quedan las pequeñas. Sin embargo es más difícil buscar la bestia pequeña que la grande.

Los que hablan según ellos hablan para ellos; no tanto para que se les escuche como para que puedan escucharse.

Solo después de haberlo dicho puedo pensar mi pensamiento.

Siempre comprendo a aquellos que hablan indistintamente, buscando sus palabras, buscando sus ideas; toda voz que representa anula mi entendimiento, parece subvertir, con su arrogante parcialidad, toda verdad.

Solo cuestionarte a ti mismo.

Tenía miedo de que se diera cuenta de que solo hablaba para sí mismo.

Una mente mal orientada, y demasiado vasta para las cosas que la ocupan.

A los que me preguntan: —¿Ha leído mi libro?, puedo responder: — Aún no he leído a Homero.

Los que no lastiman cortésmente son solo críticos.

Tener al menos la fatuidad de lo que no somos.

Él decía: Es necesario haber escrito un libro de versos — y él había escrito uno.

El romanticismo es una enfermedad infantil; los más fuertes son aquellos que la tuvieron de jóvenes.

Ser joven: hallar lo imprevisto incluso donde es necesario.

¿Cómo no amar a los meridionales? Son elocuentes y falsos, entre tanta gente simplemente falsa...

Los meridionales: esas brújulas regresivas que siempre indican el sur.

Lo peor de los arribistas es que logran lo que se proponen.

Los recién llegados: ¿cuándo se irán?

Ciertamente aplastamos mejor con botas grandes — ¿y qué?

En Bayreuth.- Música gigantesca — pero está permitido no amar lo gigantesco.

Me di cuenta de que era diferente de los otros a los que llamaba sus semejantes, ya que no tenía ninguna de esas exageraciones de ademanes ni de vestimenta de aquellos en quienes la perversidad es más una actitud que un instinto... Un pequeño mendigo atravesó la carretera sin darse cuenta de que los autos podían aplastarle: le agarró, le salvó, después se limpió las manos con disgusto.

Tenía estas tres marcas de impersonalidad: un mentón huidizo, la Legión de Honor, una alianza.

Felices los que mantienen una opinión, solo ellos reposan.

Vuestra gloria puede depender de uno solo que os escuche.

Parecen haber vivido en el porvenir.

La de veces que en el reflejo borroso de un vidrio cortado, he visto la obra maestra que Whistler habría podido hacer.

Como una espada desnuda, atraviesas la vida, puro e incorruptible; el obstáculo te agudiza y lo que es fangoso solo puede realzar tu resplandor. Generosamente das al moribundo el golpe de gracia, y, a los seres flexibles, tus semejantes, les haces echar chispas.

A un prehelénico: ¿por qué ir hacia atrás?...

Las ninfas no tienen ningún valor, ni siquiera estético.

Caduca...
—Trata de hacer lo mismo.

Se dice que la Señora X ha firmado un cuadro. Por qué no, puesto que sabe escribir.

Cuando le conocí, le quedaban algunas dependencias, pero renunció a todo para triunfar. ¡Y a eso se le llama ser ambicioso!

Su manera de ser grande, es ser grueso.

¡Ha llegado!
—¿Adónde?

Un poeta: un ser que imaginamos joven.

Los que buscan la admiración me parece que tienen poca fatuidad real.

Si solo fueran librepensadores... ¡pero son librehabladores!

Vira tan rápido que no está claro lo que es. ¿Por qué vira tan rápido? Para deslumbrar, para disimular: ¿para deslumbrar, a quién? ¿Para disimular, el qué?

Un pobre hombre íntegro en su deshonestidad integral: ¡hay que vivir bien — vivir de los otros!

Me fui con entusiasmo, ella me forzó a la lucidez.

¡Qué de bajezas para subir! ¿Cómo quieres hacerte daño? ¿No es lo peor que habría podido desearte?

«No te inclines ante los pequeños», tienes una buena posición, y te quedas solo.

Quería conocerla por su obra, pero ahora ya no encuentro su obra lo suficientemente grande como para poder olvidarla.

Gracias a ella, sé que la sutileza y la mezquindad son parientes próximos; hubiera sido más *sutil* para mí *ignorarlo*.

Debería haber elegido un día de carnaval para ver la vida: cuanto más miro los rostros, más me gustan las máscaras.

Se perdona difícilmente a los seres que nos muestran su verdadero rostro. ¡Y hubo un tiempo en que quería esta sinceridad!

Dudo entre el asco y la piedad; el asco sería más caritativo.

Ser optimista es un don — un don poético.

El artista, ese trabajador de su alegría, ese amante de todo azar, eligiendo entre las realidades sus realidades, y que, a todo lo que toma, se agrega a sí mismo.

Y ese otro tipo de artista que estropea toda realidad, que la desvirtúa, la adorna para volverla irreconocible, y luego la entrega, después de este peligroso embellecimiento, al público siempre listo para aclamar, como aclamaría al traicionado Sansón, cualquier idea cegada y definitivamente emasculada.

Solo se pueden leer algunas líneas a la vez — y aun así, mejor que no.

Reducir todo a su más simple expresión, después a su completa supresión.

Este hombre de la penúltima moda que habla oportunamente... ¡con retraso!

Los ingleses pronuncian la palabra arte con T mayúscula.

No comprendo a la gente que pasa horas escuchando en el teatro escenas que, en la vida, no escucharían ni cinco minutos.

No un crítico, ¿un precursor de gustos y disgustos por venir?

En un autor al que admiro por el orden delicado de sus pensamientos, colocados, etiquetados como hermosos insectos capturados, y cuyo asesinato tiene para nosotros el interés de una colección de pequeñas alas variadas, si este maestro del detalle no los hubiera prendido para nosotros con una palabra, atravesados por una frase que los fija y los suspende por encima de la vida cotidiana de la que emanan, por una preciosidad, que se ha vuelto demasiado rara para no ser célebre — en un autor que admiro (generalmente estoy de acuerdo con lo que me encanta), descubro sin embargo este fallo, este etiquetado de un tema demasiado múltiple para permanecer en esa opinión: culpando a la indiscreción, parece olvidar todos los beneficios que le son debidos. Toda expresión, todo arte es una indiscreción que cometemos hacia nosotros mismos. Y esto no proviene de una «pobreza», sino de un incremento de riqueza, porque así es como hacemos vivir las pocas horas de nuestra vida más allá de sí mismas. Y ante nuestro pasado, verdaderamente pasado, la discreción solo es un olvido sin valor, estéril. Y creo que es piadoso honrar a nuestros muertos con unas pocas palabras por las cuales pueden todavía sobrevivir, y darles, en lugar de una nada silenciosa y gradual, un epitafio inspirador y valiente de lo que fueron. Porque quizás resulte culpable dejar disipar sin voz y sin cantos estos prodigios que, de la vida misma, han hecho sus obras maestras. La historia de sus amores, piadosamente recogidos, ha embellecido el mundo; es la limosna que sus riquezas nos hacen. Es igualmente su única posteridad. Existen también las indiscreciones del silencio. ¿Y no sería una pobreza sin recurso dejar morir lo que está muerto?

Dicen: «Es un hombre al que se ve venir», es decir, que no se eleva más allá de sus visiones. — Y eso es tranquilizador — para ellos. Loco y dislocado, con indecibles absurdos, mal gusto para la promoción, viejo nuevo arte, que a propósito imita a malos maestros para bien, a grandes maestros para mal...

Todos estos futuristas, versolibristas, desequilibristas, publicistas, absurdistas, cometen un error, uno solo, pero un error grave entre tantas insignificancias ruidosas: la de arrojarnos cada vez más desesperadamente hacia los únicos clásicos.

¿Este incoherente germen de algo que habría podido ser algo?...

La literatura se vuelve decididamente inhabitable.

«Todo hombre tiene su precio» (ha dicho un aristócrata que ha debido ser un millonario); sin embargo, algunos carecen de valor comercial, lo cual les salva.

Puede hacer más.
—Si siente más.

SALONES DE PINTURA

Tienen todos, casi todos, los ojos podridos.

Los interiores de *** que una feliz presencia acaba de dejar.
Los de ***, tan peligrosamente fríos, que solamente pueden
esperar la guía. ¿Desplazad una silla? ¡Intentadlo! Dudamos:
¿para un museo, para libro de decoración?

En uno de los paisajes de cuento de hadas de la realidad,
mujeres con gestos cotidianos, ¿demasiados cotidianos?

Solo se inspira en curvas y tiene razón, este diseñador de
esferas, media esfera, cuarto de esfera, una especie de
derviche convencido, inconsciente.

Dos mujeres entre los cisnes.
—¿Leda tenía pues una hermana? ¿Varias?

¿Estos dos, acostados como rayos amarillos sobre la hierba,
oblicuamente retorcidos y curvados, esperando la indiferente
blancura amarilla que nada a lo lejos?

Al lado, y no en exposición, las obras de ***: sanas, vigorosas, cerca de la tierra, de una tierra que puede producir todo.

La de pintores que solo han visto los colores en otras paletas...

Si el arte fuera tan raro como el gusto...

—Su exposición: pequeño vivero de la burguesía.

Una morena de cabello rubio, una obra, incluido el marco, de una armonía perfecta, relajante, de una belleza sin comentario. Ante una satisfacción tan completa, encuentro el silencio — ¡el silencio perdido desde hace demasiado tiempo!

CONTINÚO... (quizás erróneamente)

«Jamás he recibido sino avaros», me dice una vieja cortesana.
¿Es que solo los avaros tendrían algo que dar?

(La verdad sale de la boca de las cortesanas, de los niños
también que viven de la alegría de los otros.)

Esta prodigalidad que consiste en deparar a los indiferentes lo
que más tarde tendremos que negar a los seres que amamos...
Está por hacer el elogio de la avaricia.

«No me queda nada» ni siquiera es una excusa.

¿Por qué los que son pobres no inventan otros valores?
En tal caso, ¿serían verdaderamente pobres?

¡Qué pródigos aquellos que no tienen!

¿Qué pueblo amará lo suficiente a los judíos para que sean
más judíos?

El sol: el oro de los pobres.

La caridad, la única piedad lógica.

Jamás cometo disparates para poder hacer tonterías.

No tener una madre bella es comenzar la vida por la vejez.

Una madre delgada, enfermiza, moribunda, se inclina sin vergüenza hacia su hijo, sin temor a hacerle presentir el esqueleto que ya es.

Una madre a la que quería se ha ido, no a la muerte sino hacia la vida... ¿Los únicos felices serán los perdidos? Solo los reconocemos por las sombras que nos dejan. Nada tiene tanta perspectiva como la felicidad.

Mi pena me ilumina por la sombra que proyecta sobre el presente. El presente, esa realidad sin sombras.

Las lágrimas: una enfermedad de los ojos.

Quise ser informada más exactamente sobre la incertidumbre de mis ancestros. Hablé con la decimotercera hermana de mi abuela, de ciento dos años de edad, y que, única superviviente de los otros doce, se expresaba todavía con claridad, y en francés. Siendo casi sorda y casi ciega, nada venía ya a estorbar sus recuerdos. Ella me contó detalles insignificantes: los primeros ingresos. Su madre, a pesar de la civilización frustrada de los Estados Unidos de entonces, se limaba las uñas con pequeños trozos de vidrio esmerilado... Hábitos de delicadeza, e inadaptabilidad, aportados de Francia, que ella había dejado con sus padres en el momento de la Revolución. ¿Así que partieron para ahorrarle a la guillotina sus frágiles cuellos? ¿Una huida? Como si tal muerte no fuera la justa compensación por unos cuellos demasiado débiles estirados fuera de la vida real que deberíamos haber mirado desde arriba...

¿Qué era pues esta menor bravura?: el exilio. ¿Una cobardía? ¿Una valentía?

Llevé mis manos a mi cuello largo y frágil también, desmesuradamente, y hubiera querido estar en esos tiempos difíciles, exigentes de heroísmos absolutos, o de cobardías totales, aunque solo fuera para saber qué sangre late más fuerte en mis venas... Ser pillada desprevenida... Tener, ante un hecho inesperado, un gesto irreflexivo... Escaparme, salir de mí, volver a ser, y saber al fin lo que inconscientemente puedo valer.

Democracia: un vacío de gente incolora y sin belleza que es peor que la fealdad.

¡Y es el miedo al ridículo lo que vuelve a la gente tan ridícula!

Me duelen los ojos. ¿Es la venganza de las cosas demasiado bien vistas?

Como no hay imposibles, no hay inevitables.

Solo vemos por contraste.

Disociar para encontrar.

No limito el amor a un sexo.

Los amantes, esos perezosos que se contentan con la primera voluptuosidad que se les presenta.

Amamos con amor a los que no podemos amar de otra manera.

Su amistad, que se contenta con tan poco, ¿cómo me contentaría ella?

Es mejor ser un amante que amar a un amante.

¿Encontrar a lo largo de la vida partes de uno mismo que la muerte dispersará?

Hay dos tipos de preguntas, la interrogación y la respuesta: los que interrogan hacen la pregunta, los que responden la desplazan.

Lo que me place en los seres es su parte desconocida, esa que ningún conocimiento agotará jamás.

La perdí de vista, o más bien me perdió de vista: ¡a cuánta gente solo vemos de perfil!

Se perdona difícilmente a un sensual por no amar ni el vicio, ni el desenfreno.

¿Se confundirá siempre a Epicuro con Heliogábalo?

Es peligroso mirar las cosas desde lo alto, a menos que hayas nacido en una cima.

Puede que tengas razón, pero tener razón quizás no es tener gran cosa.

Ese parásito: el pasado.

¡Cuántos ayeres hay en el mañana!

No tengas miedo de sobrevivir a tus muertos, sino a ti mismo.

Tengo la voz baja, ¿es para ser la única que me escuche?

No se gana nada interrogando a un cantante.

Un comerciante de gaitas pasó... Bajo su brazo una bolsa economizaba su soplo, del que extraía melodías imprevistas como los saltos de las cabras. Alrededor de su cinturón colgaban otras gaitas, diversamente pequeñas, que parecía enseñar a escucharle. Le detuve y le compré una de esas gaitas mudas. «La más bella», dijo tendiéndomela por la moneda de plata que había designado. Después se alejó silenciosamente, y todas las gaitas alrededor de su cinturón hicieron un traqueteo de madera muerta, mientras que la gaita que sostenía entre mis manos no me parecía más que un triste juguete abigarrado...

Una cascada empequeñecida por la lejanía aparece en el dintel de mi ventana. Su caída, ligera y pueril como un cabello, no alcanza en línea recta toda su longitud, al ser interceptada sin cesar por el fuerte viento. Infiel, ella sale volando, antes de tocar las rocas húmedas por ella (y que en otras ocasiones forma, desgasta y transforma), para mezclarse con esta fuerza pasajera que, flexible, se la lleva, y que, al ser más libre que ella, la supera.

Una figura maravillosamente cincelada por las emociones. Cada arruga subrayaba una alegría desaparecida. Y la comparé con esas otras figuras arruinadas por la vejez y el hábito, en las que el tiempo solo había dejado un rastro: la destrucción. ¡Qué diferencia entre las ruinas!

Hacer fragmentos.

El amor, como la oca de la que habla Ben Johnson, es demasiado grande para uno, demasiado pequeño para dos.

Hay que vivir cada día como si fuera el primero.

La gracia, esa fuerza civilizada.

¡Oh, sus oídos, sus oídos sin apetito!

La vida más bella es la que pasamos creándonos, no procreando.

La reproducción es la más vil de las tareas. Los dioses no se reproducen: ellos mismos son sus obras maestras.

Quizás es nuestra creencia en las fatalidades lo que las vuelve fatales.

¿Por qué resucitar dioses, cuando nuevos dioses esperan ser creados?

Un dios que no fuera también el diablo, ¡qué incompleto!

El amor, ¡esa obra de juventud!

Ser poetas en la vida...

¿Por qué las horas de alegría son horas aladas?

Me cuesta creer que haya tantas noches como días.

Escribo para algunos. ¿Me comprenderán?

Dispersiones de las que aquí hay ciertas, pero ¿dónde están las inciertas: las menos opacas, las más aladas?

¿Qué no puede estar contenido en una frase?...

Observarse es peligroso — pero no observarse es aburrido.

Nos vemos de otra manera ante un espejo.

Muchos de mis pensamientos estuvieron con otros antes de mí (¡solo me avergüenzo orgullosamente de mis antecedentes!), muchos lo estarán después de mí...

Volver a decir una verdad no la vuelve menos verdadera, ¡salvo quizás para quien ya la ha dicho!

La más difícil de las realizaciones: uno mismo.